This Journal Belongs to:

. . . .

. . . .